ATLAS GEOGRÁFICO
ESCOLAR

Sumário

- Planisfério Político 02
- Planisfério Físico 03
- Clima e Correntes Marítimas 04
- Vegetação 05
- América do Norte 06
- América Central 08
- América do Sul 10
- África - Político 12
- Europa 14
- Ásia 16
- Oceania 18
- Polo Sul 19
- Brasil 20
  - Região Norte 22
  - Região Centro-Oeste 24
  - Região Nordeste 26
  - Região Sudeste 28
  - Região Sul 30
- Hinos 32

Planisfério Político

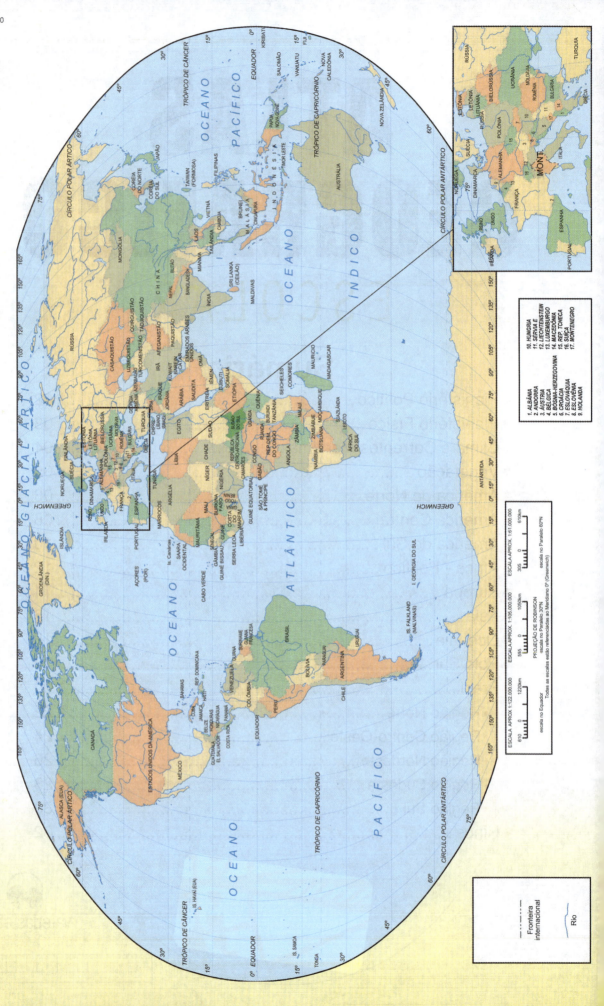

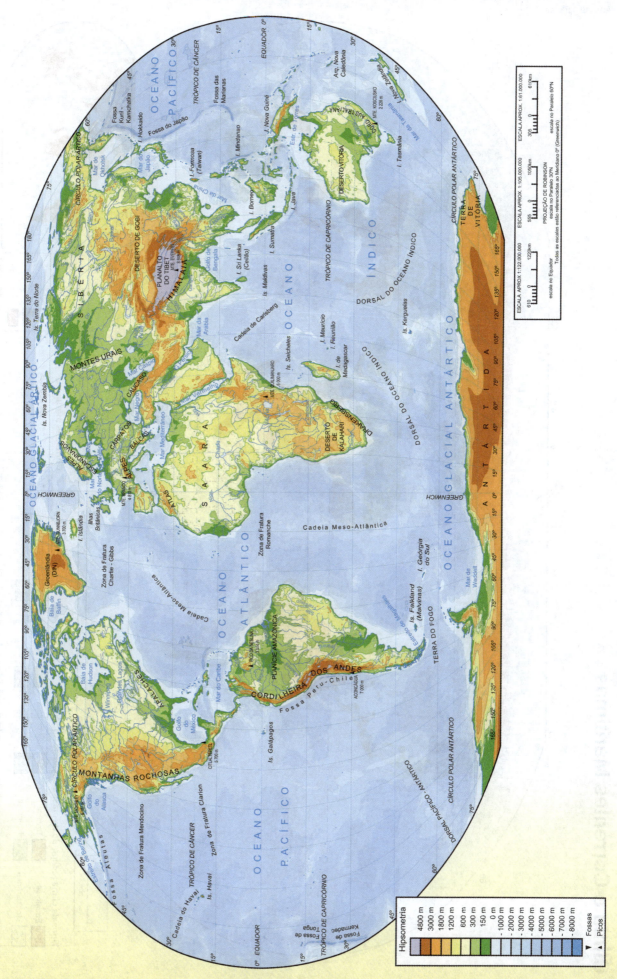

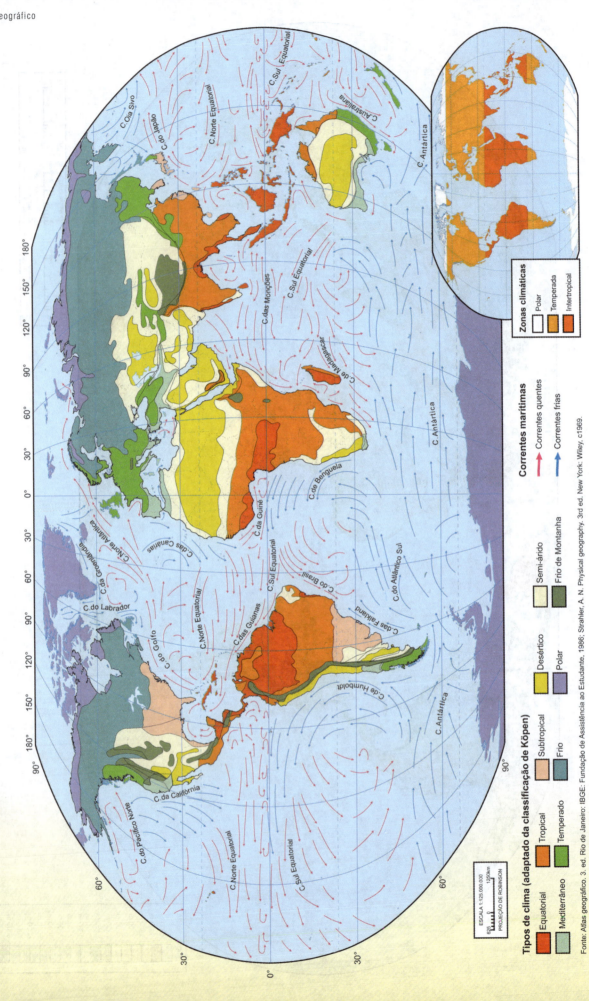

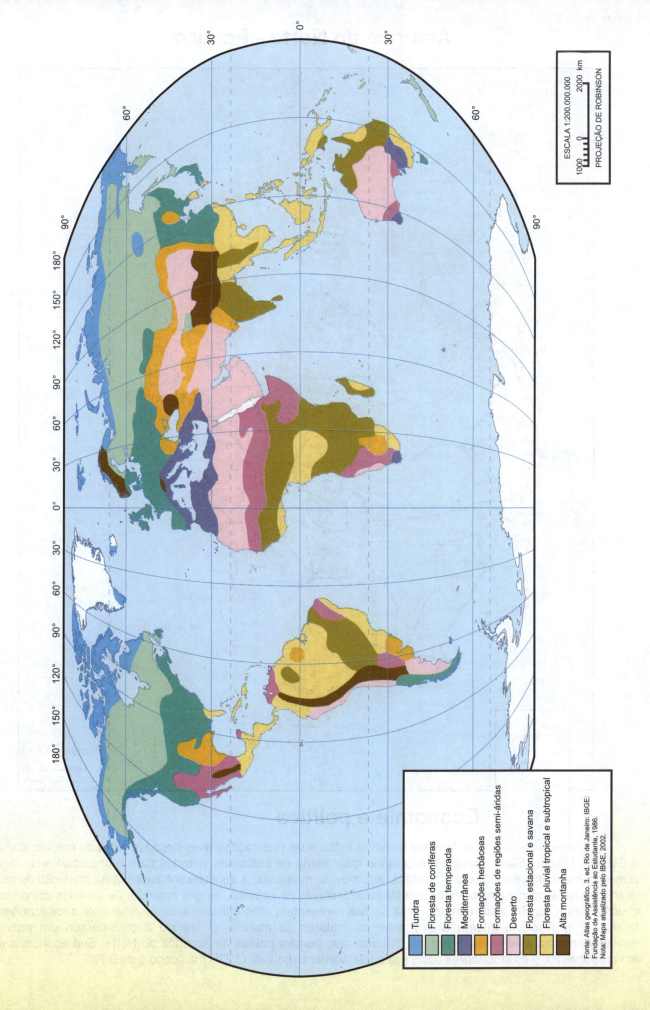

América do Norte - Político

Economia e política

Na América do Norte estão duas das nações mais desenvolvidas do mundo: Canadá e Estados Unidos. Elas possuem uma grande quantidade de indústrias voltadas para a produção tecnológica, como equipamentos eletrônicos, informática, automóveis, máquinas. A agricultura é baseada na produção de milho, laranja e soja e possui uma grande quantidade de reservas de petróleo, de gás natural e de minérios como cobre, chumbo, ferro, carvão, zinco e prata. Estas nações apresentam altos índices de desenvolvimento socioeconômico, tendo o PIB (Produto Interno Bruto) entre os maiores do mundo. O México é considerado um país em desenvolvimento, e tem uma realidade diferente dos demais países da América do Norte. Sua economia está em crescimento, e os indicadores sociais são relativamente baixos. O IDH mexicano é de 0,779.

América do Norte - Físico

Na parte oeste da América do Norte aparecem dobramentos montanhosos, como as montanhas Rochosas e a cadeia da Costa e das Cascatas nos Estados Unidos e no Canadá, além da serra Nevada (EUA). Existem também as planícies, como a Planície Central Americana.

América Central - Político

Economia e política

A principal atividade econômica da América Central é a agricultura de exportação de banana, café, açúcar e algodão, praticada nas planícies litorâneas por empresas multinacionais para abastecer o mercado norte-americano; a agricultura de subsistência com as culturas de milho, sorgo e batata. As indústrias são poucas e destinam à produção de produtos alimentares, de tabaco e têxtil, as indústrias leves. Ocorre a extração de bauxita, na Jamaica, e o petróleo em Trinidad e Tobago. A atividade turística é importante para a economia da parte insular, como no Caribe. São grandes os contrastes entre os países da América Central, fruto da concentração de riqueza nas mãos de poucos. Os indicadores socioeconômicos são baixos, principalmente na Nicarágua, Guatemala e Haiti. Costa Rica é o país com os melhores índices de desenvolvimento. Na região atuam dois blocos econômicos o MCCA – Mercado Comum Centro-americano e o Caricom – Comunidade das Nações do Caribe.

SAIBA +MAIS

Além de problemas com a pobreza, desigualdade social, corrupção, etc, o Haiti é rota do tráfico de cocaína da Colômbia, Bolívia e Peru para os EUA e para a Europa. Se não bastasse, em 12 de janeiro de 2010 o país foi devastado por um terremoto que deixou cerca de 170 mil pessoas mortas. De acordo com o jornalista LUIS KAWAGUTI, da folha de São Paulo, "a passagem da droga pelo país contribui para a corrupção de policiais haitianos. (...) O dinheiro do tráfico também ajuda a financiar gangues que atuam em Porto Príncipe. Com o terremoto, cerca de 5.500 membros dessas gangues voltaram às ruas, e o governo haitiano não divulga quantos foram recapturados."

Fonte: www1.folha.uol.com.br

América Central - Físico

A região possui dois grandes sistemas de montanhas, sendo que, ao norte, o relevo é mais complexo, devido a ação erosiva com a influência de dobramentos posteriores, de que resultaram as cadeias de montanhas de Honduras e da Guatemala, os elevados planaltos de Chiapas e a plataforma de Yucatán. Ao sul, o arco montanhoso é maior, o que constitui traço característico do relevo centro-americano.

Terremoto no Haiti, considerada a maior tragédia natural da história da humanidade

SAIBA +MAIS

Em janeiro de 2010, a América Central foi palco da maior tragédia da história da humanidade. O abalo sísmico que aconteceu no Haiti causou a morte de centenas de milhares de pessoas, destruindo todo o país. Apesar de não ter sido o pior abalo sísmico, a destruição foi gigantesca devido à precária condição do país.

América do Sul - Político

A América do Sul possui países em desenvolvimento, cuja economia é baseada, sobretudo, na exploração de recursos naturais e na agricultura. Nos últimos anos, a produção industrial vem se destacando em alguns países como na Argentina e, principalmente, no Brasil. Os melhores padrões de vida e, portanto, os maiores índices de IDH encontram-se no Chile, Argentina e Uruguai. Os piores índices são os da Venezuela, Bolívia e Paraguai.

América do Sul - Físico

As unidades de relevo que se destacam na América do Sul são a cordilheira dos Andes, com 8.900 km de comprimento, e altitudes que chegam a 7.000 m no pico de Aconcágua; os maciços antigos com baixas altitudes que formam a parte oriental da América do Sul (o planalto Brasileiro, planalto das Guianas e planalto da Patagônia); e as extensas planícies (do Orenoco e Amazônica, a planície Platina, que compreende Pampas, Chaco e Pantanal).

África - Político

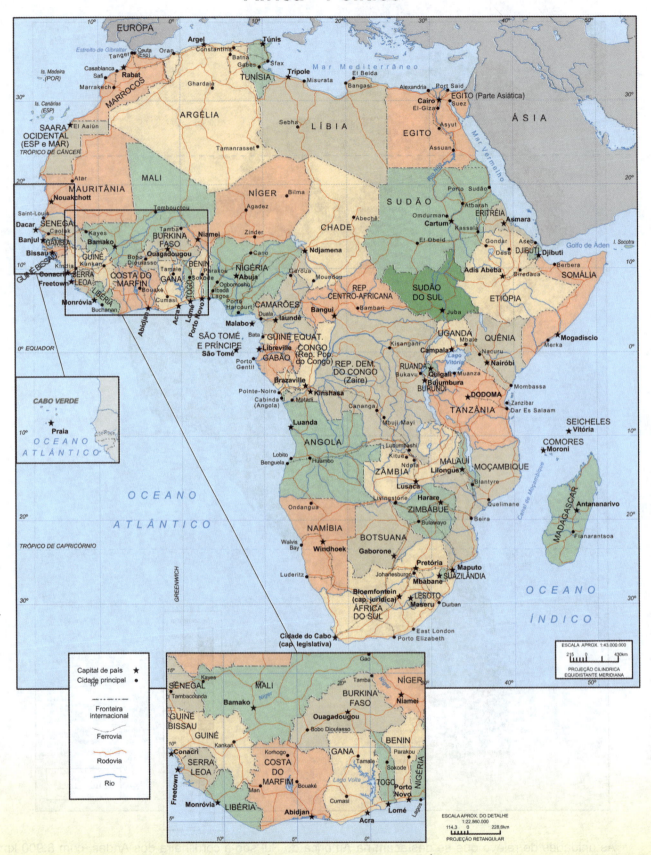

Com exceção de alguns países, como a África do Sul, a economia da África está entre as menos desenvolvidas do mundo. Predominam as atividades agrárias de subsistência de baixo nível técnico, mas há uma grande exploração de recursos minerais como cobre, estanho, chumbo e zinco. No planalto de Katanga, África do Sul, há imensas reservas de ouro, diamantes e urânio, além de grandes reservas de petróleo, gás natural e fosfatos. As indústrias localizam-se nos arredores de Johannesburgo e da Cidade do Cabo.

África - Físico

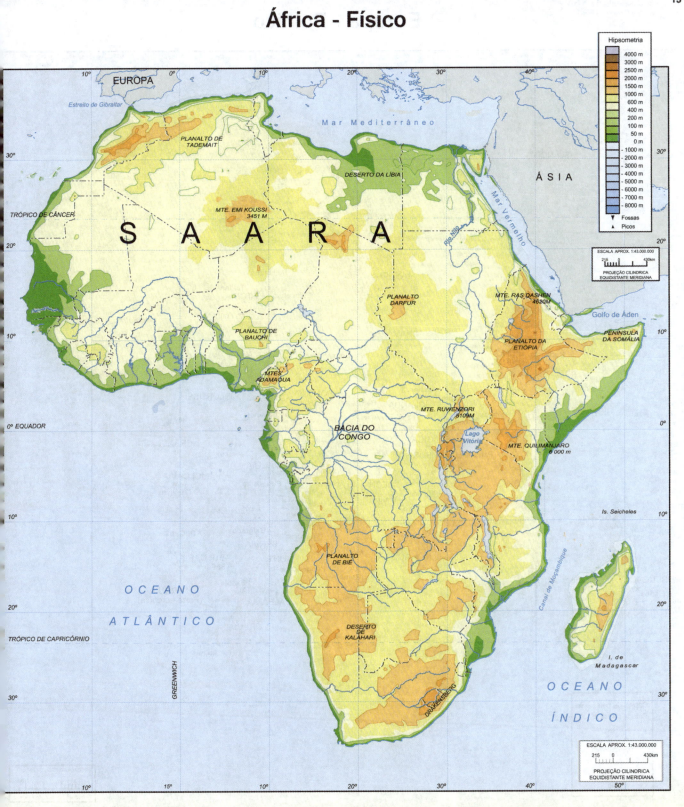

Na África predomina o relevo de planaltos, como o planalto da Etiópia, dos Grandes Lagos, na região oriental, e o maciço de Adamaouá, no lado ocidental. Existe também uma grande falha geológica, a *Rift Valley*, onde estão os maiores lagos – como o lago Vitória, lago Tanganica e o lago Niassa – e as montanhas mais altas da África – como a Kilimandjaro com 5895 metros de altitude e a Quênia com 5199 metros de altitude. Além das planícies situadas ao longo do litoral do continente, e nas bacias dos rios Congo, Nilo e Niger e das depressões, onde se formaram os desertos africanos (Kalahari, Namíbia).

Europa - Político

A Europa é o berço da Revolução Industrial. Seus países, como a Alemanha, Inglaterra, França e Itália são potências políticas e econômicas mundiais, e fazem parte do G-7 (grupo dos países mais ricos do mundo). Seu parque industrial é altamente desenvolvido, sendo a economia baseada na indústria e nos serviços. Os melhores índices de qualidade de vida ocorrem nos países nórdicos europeus. A Noruega, por exemplo, possui IDH de 0,971, considerado o melhor do mundo.

Europa - Físico

Os relevos europeus são representados por duas unidades: as planícies no centro e os maciços antigos de baixa altitude, principalmente no norte do continente (Escandinávia, Escócia). Além da presença de áreas montanhosas, formadas recentemente, desde o sul até a península Ibérica.

Ásia - Político

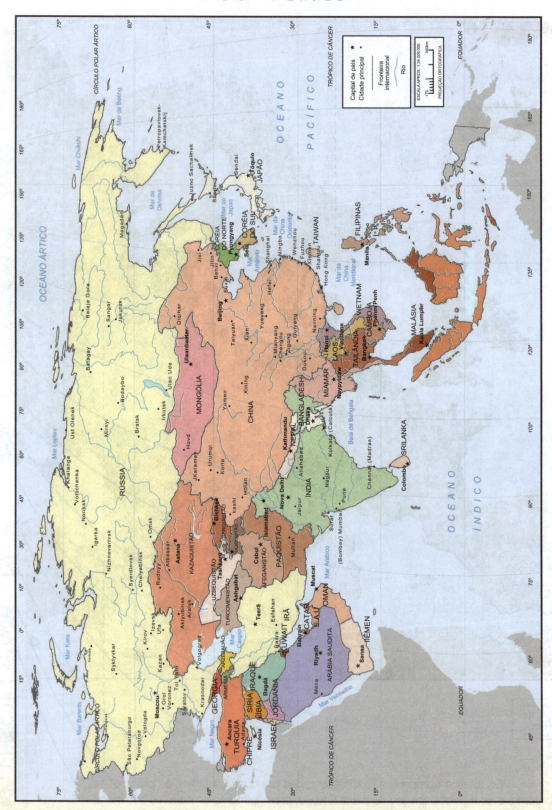

O continente asiático apresenta características marcantes como a grande quantidade de riquezas minerais, como reservas de petróleo e gás natural; potencial de desenvolvimento econômico, como os Tigres Asiáticos (Coreia do Sul, Cingapura, Tailândia, Malásia, Indonésia e Taiwan) e a Zona Econômica Especial (como Hong Kong); as constantes tensões geopolíticas, como entre Índia e Paquistão; a Guerra no Iraque; o Talibã no Afeganistão.

Há, também, os muitos contrastes sociais, pois enquanto alguns países do Oriente desfrutam de índices de desenvolvimento humano médios e elevados, em outros, como a Índia e os países da Ásia Central, o IDH é médio e baixo. Cinco, dos dez países mais populosos do planeta, China, Índia, Indonésia, Paquistão, Bangladesh e Japão estão na Ásia.

Ásia - Físico

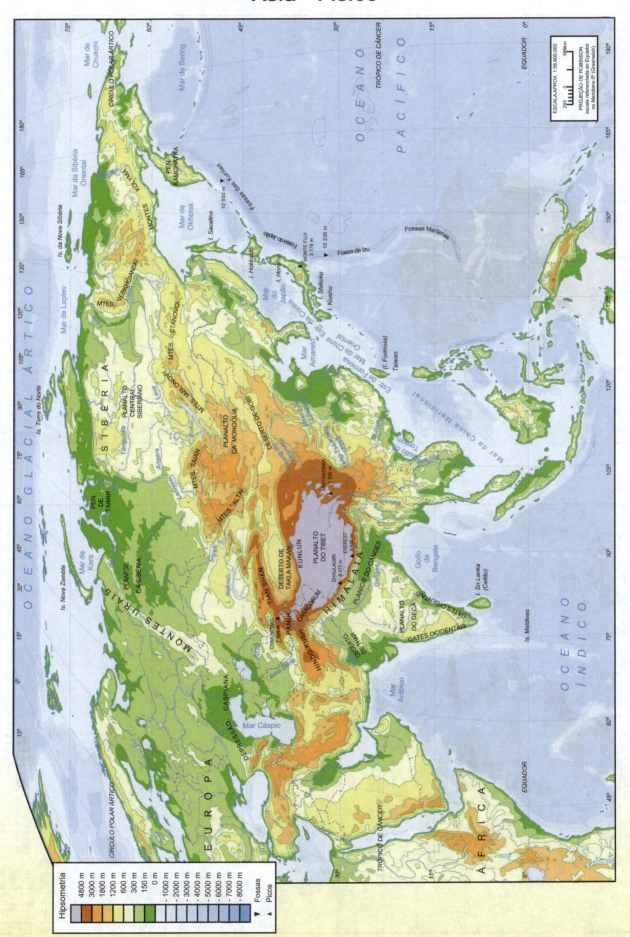

Oceania - Político

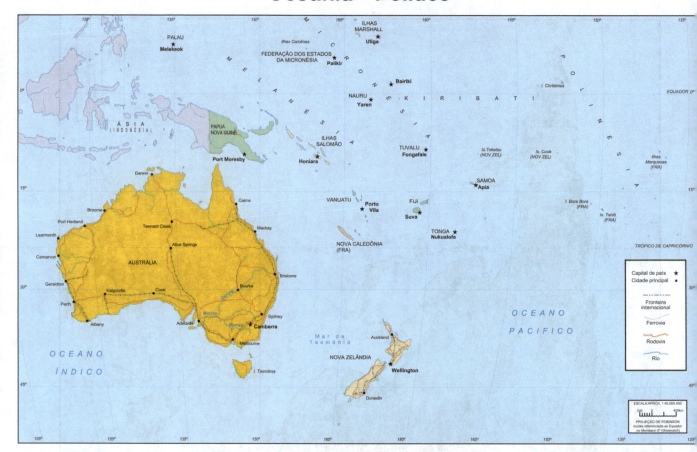

Oceania - Físico

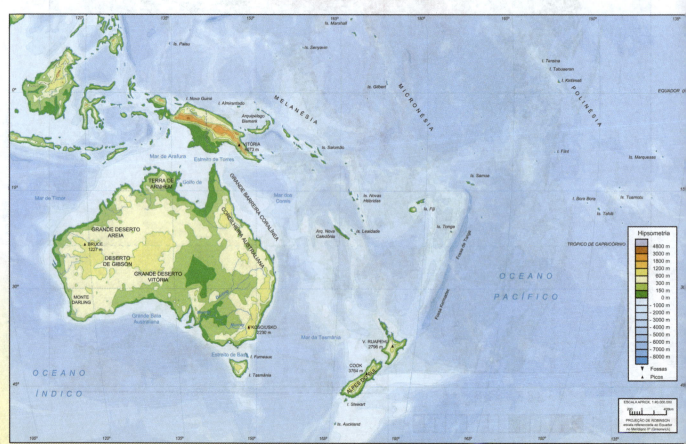

Polo Sul - Político

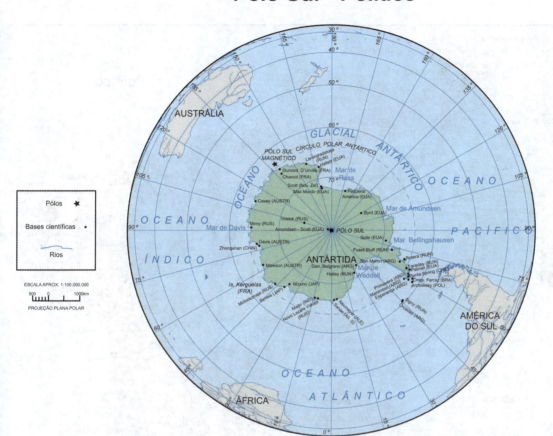

Polo Sul - Físico

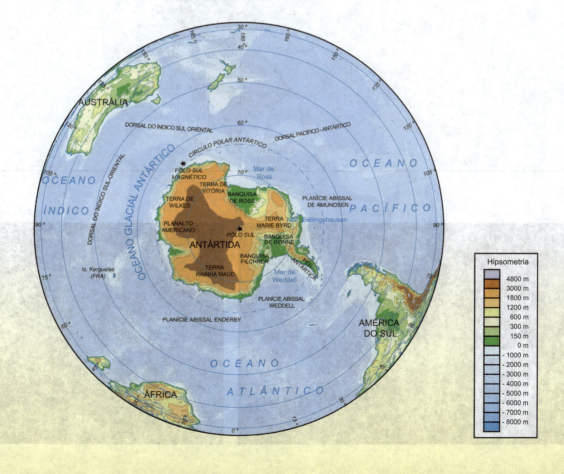

Brasil - Político

Fotografia de satélite da capital paulista

Fotografia de satélite do Rio Amazonas

Brasil - Físico

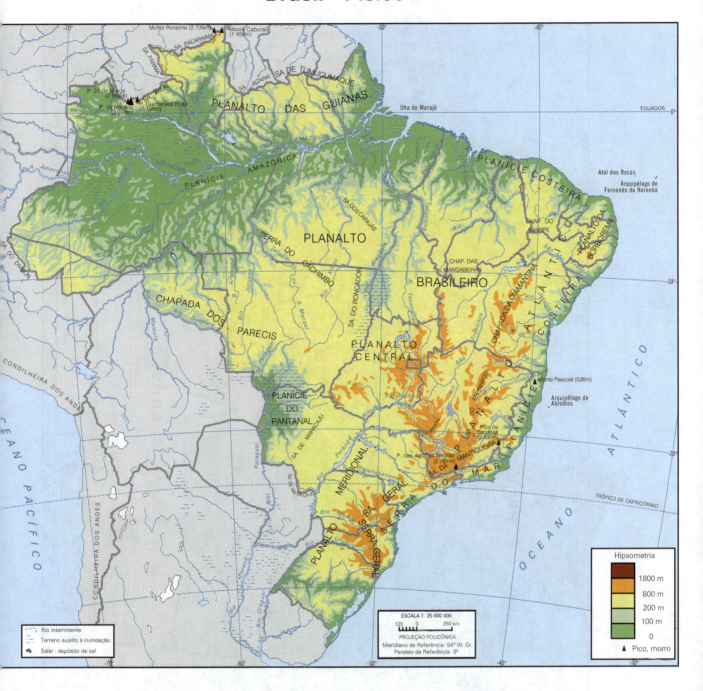

O relevo brasileiro é uma formação muito antiga, com milhões de anos. A ausência de uma cadeia de montanhas com elevada altitude (como o Andes) e um extenso planalto são características da antiga formação do relevo brasileiro. Os principais tipos de relevo são:

1. As planícies (região plana e mais baixa em relação às vizinhas);
2. Os planaltos (região mais elevada em relação às vizinhas);
3. As depressões (pequenas regiões mais baixas),
4. As chapadas (pequenas regiões mais elevadas);
5. As serras (conjunto de montanhas);
6. Os tabuleiros (áreas formadas pelo depósito de sedimentos fluviais).

Região Norte - Político

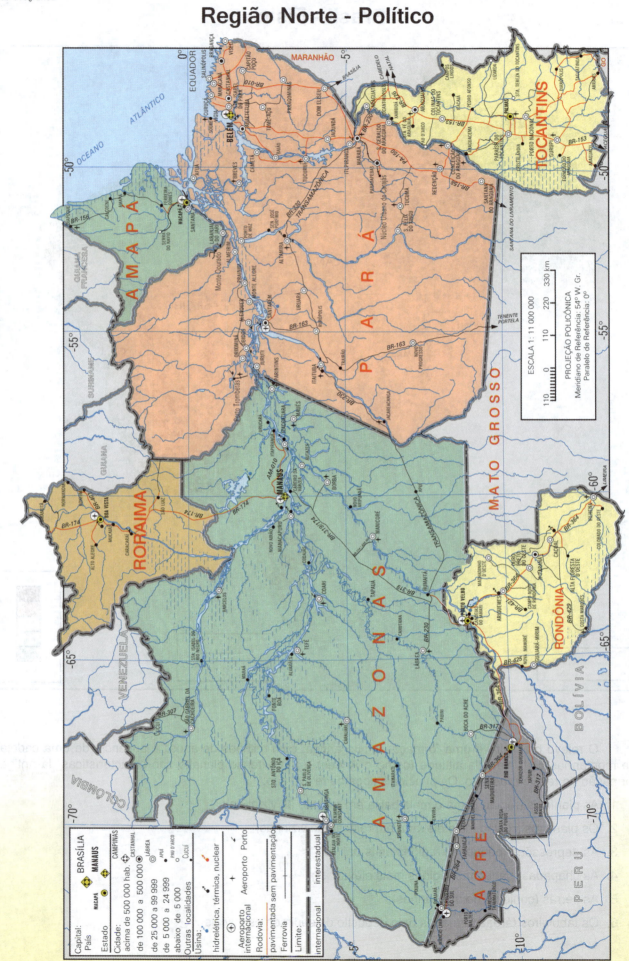

Região Norte - Físico

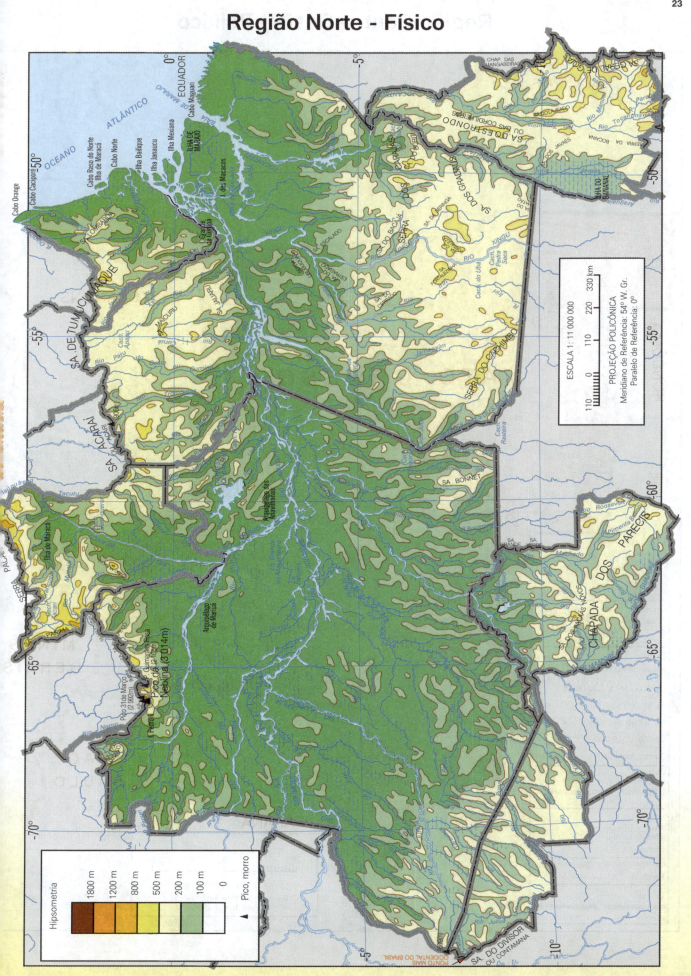

Região Centro-Oeste - Político

Região Centro-Oeste - Físico

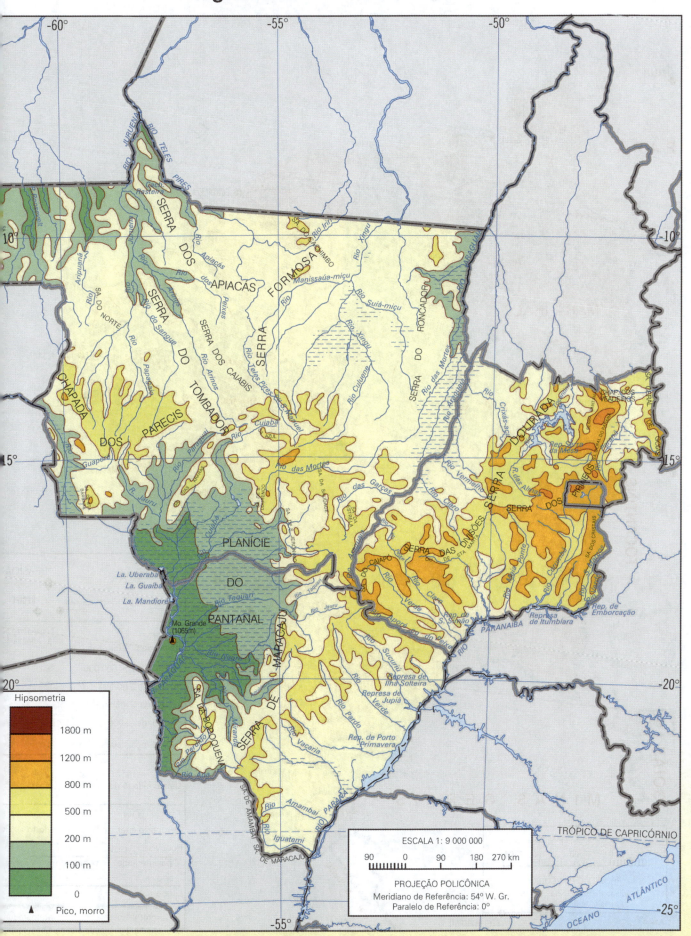

Região Nordeste - Político

Região Nordeste - Físico

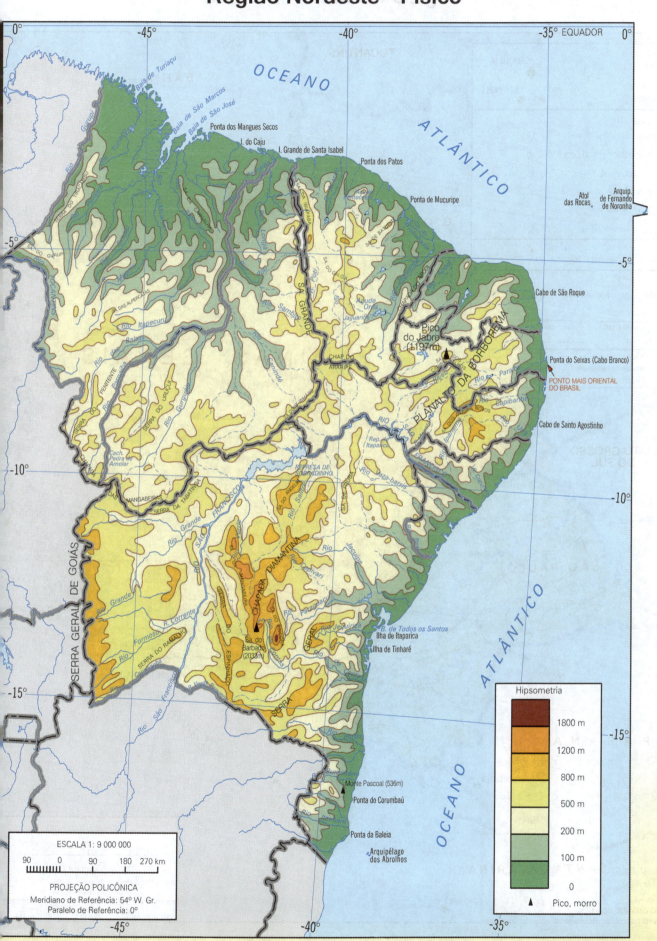

Região Sudeste - Político

Região Sudeste - Físico

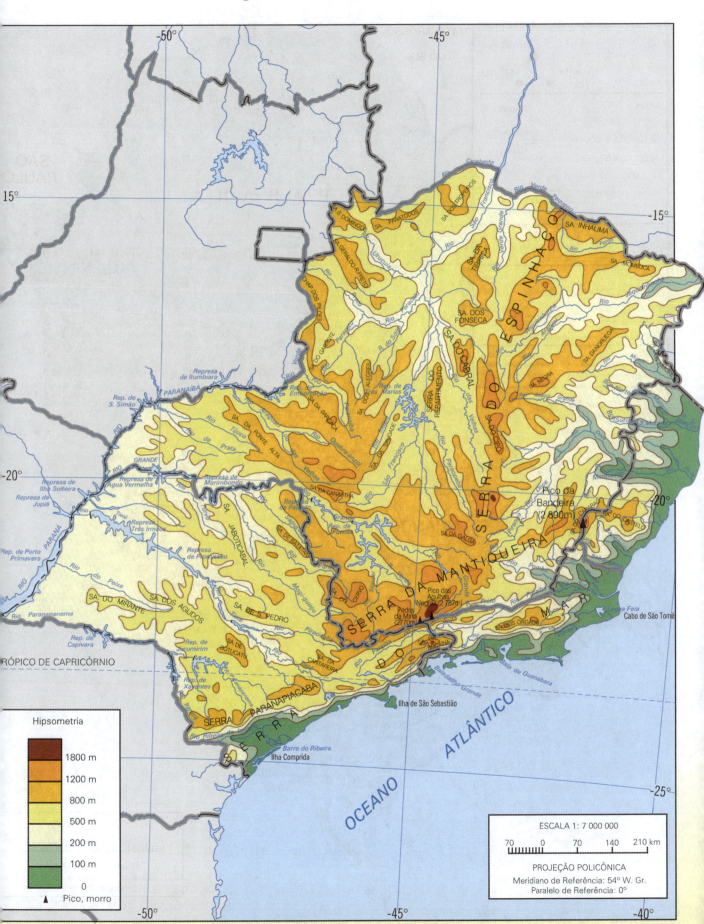

Região Sul - Político

Região Sul - Físico

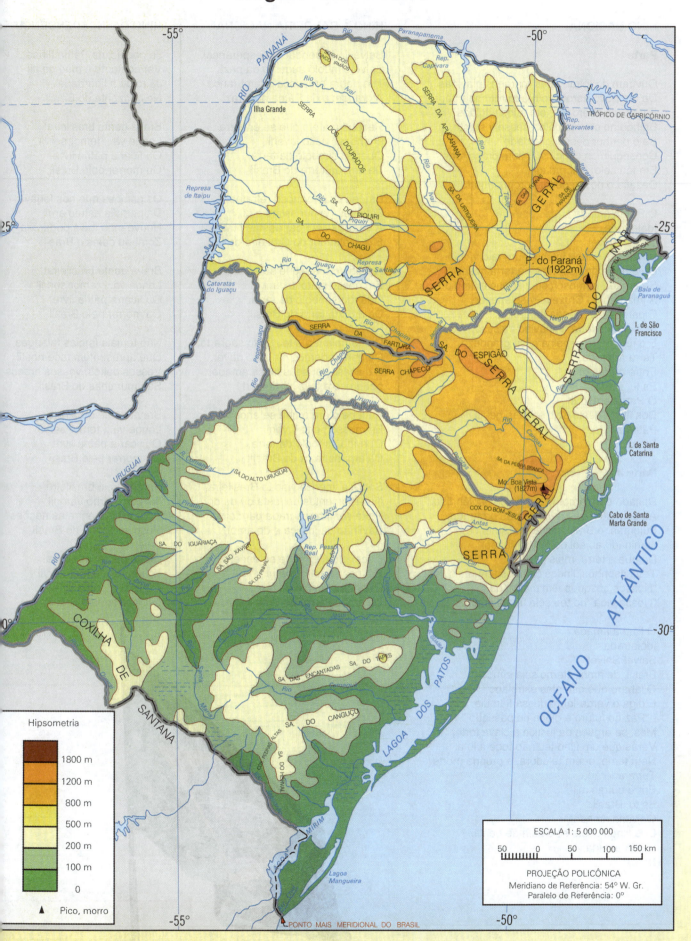

Hinos

HINO NACIONAL

Parte I

Ouviram do Ipiranga as margens plácidas
De um povo heroico o brado retumbante,
E o sol da liberdade, em raios fúlgidos,
Brilhou no céu da pátria nesse instante.
Se o penhor dessa igualdade
Conseguimos conquistar com braço forte,
Em teu seio, ó liberdade,
Desafia o nosso peito a própria morte!

Ó Pátria amada,
Idolatrada,
Salve! Salve!
Brasil, um sonho intenso, um raio vívido
De amor e de esperança à terra desce,
Se em teu formoso céu, risonho e límpido,
A imagem do Cruzeiro resplandece.
Gigante pela própria natureza,
És belo, és forte, impávido colosso,
E o teu futuro espelha essa grandeza.
Terra adorada,
Entre outras mil,
És tu, Brasil,
Ó Pátria amada!
Dos filhos deste solo és mãe gentil,
Pátria amada,
Brasil!

Parte II

Deitado eternamente em berço esplêndido,
Ao som do mar e à luz do céu profundo,
Fulguras, ó Brasil, florão da América,
Iluminado ao sol do Novo Mundo!
Do que a terra, mais garrida,
Teus risonhos, lindos campos têm mais flores;
"Nossos bosques têm mais vida",
"Nossa vida" no teu seio "mais amores."

Ó Pátria amada,
Idolatrada,
Salve! Salve!
Brasil, de amor eterno seja símbolo
O lábaro que ostentas estrelado,
E diga o verde-louro dessa flâmula
- "Paz no futuro e glória no passado."
Mas, se ergues da justiça a clava forte,
Verás que um filho teu não foge à luta,
Nem teme, quem te adora, a própria morte.
Terra adorada,
Entre outras mil,
És tu, Brasil,
Ó Pátria amada!
Dos filhos deste solo és mãe gentil,
Pátria amada,
Brasil!

HINO À BANDEIRA NACIONAL

Salve lindo pendão da esperança!
Salve símbolo augusto da paz!
Tua nobre presença à lembrança
A grandeza da Pátria nos traz.

Recebe o afeto que se encerra
em nosso peito juvenil,
Querido símbolo da terra,
Da amada terra do Brasil!

Em teu seio formoso retratas
Este céu de puríssimo azul,
A verdura sem par destas matas,
E o esplendor do Cruzeiro do Sul.

Recebe o afeto que se encerra
Em nosso peito juvenil,
Querido símbolo da terra,
Da amada terra do Brasil!

Contemplando o teu vulto sagrado,
Compreendemos o nosso dever,
E o Brasil por seus filhos amado,
poderoso e feliz há de ser!

Recebe o afeto que se encerra
Em nosso peito juvenil,
Querido símbolo da terra,
Da amada terra do Brasil!

Sobre a imensa Nação Brasileira,
Nos momentos de festa ou de dor,
Paira sempre sagrada bandeira
Pavilhão da justiça e do amor!

Recebe o afeto que se encerra
Em nosso peito juvenil,
Querido símbolo da terra,
Da amada terra do Brasil!

HINO DA INDEPENDÊNCIA

Já podeis, da Pátria filhos
Ver contente a mãe gentil
Já raiou a liberdade
No horizonte do Brasil

Brava gente brasileira!
Longe vá... temor servil
Ou ficar a pátria livre
Ou morrer pelo Brasil

Os grilhões que nos forjava
Da perfídia astuto ardil,
Houve mão mais poderosa
Zombou deles o Brasil

Brava gente brasileira!
Longe vá... temor servil
Ou ficar a pátria livre
Ou morrer pelo Brasil

Não temais ímpias falanges
Que apresentam face hostil,
Vossos peitos, vossos braços
São muralhas do Brasil

Brava gente brasileira!
Longe vá... temor servil
Ou ficar a pátria livre
Ou morrer pelo Brasil

Parabéns, ó brasileiro
Já, com garbo varonil
Do universo entre as nações
Resplandece a do Brasil

Brava gente brasileira!
Longe vá... temor servil
Ou ficar a pátria livre
Ou morrer pelo Brasil